Mariusz Łukasik

Messerschmitt Bf 109 T

Messerschmitt Bf 109T was supposed to operate from German aircraft carrier "Graf Zeppelin". The plane was equipped with arresting hook and had enlarged wing span up to 11,08 m. It did not have folding wings because "Graf Zeppelin's" elevators were supposed to be enough big to fit planes with fixed wings. Anyway the wings could be detached for transport. There were versions T-1 and T-2 developed. After successful tests T-2 versions were sent to Norway, where they took additional trails from ground airfields. Fighters served in JG 77 and JG 11 units.

The Messerschmitt Bf 109T armament consisted of two 7.92mm MG 17 machine guns above the engine and single 20mm MG FF/M cannon in each wing.

Due to the problems with the development of the aircraft carrier "Graf Zeppelin", the Messerschmitt Bf 109T project was finally abandoned, and the finished machines were transferred to school units in 1943. Eventually, Bf 109Ts returned to Norway to JG 11 and operated in its composition from November 30, 1943, untill summer, 1944.

Technical data of Bf 109T-2 / Dane techniczne Bf 109T-2:	
wingspan / rozpiętość skrzydeł	11,08 m
length / długość	8,76 m
height / wysokość	2,6 m
lifting surface / powierzchnia nośna	17,5 m²
weight / masa własna	2250 kg
take-off weight / masa startowa	3080 kg
max speed / prędkość maksymalna	570 km/h
cruise speed / prędkość przelotowa	530 km/h
landing speed / prędkość lądowania	130–150 km/h
time of ascending to 3000m / czas wznoszenia na 3000 m	3 min
ceiling / pułap praktyczny	10 500 m
range / zasięg	915 km

Messerschmitt Bf 109 T • Mariusz Łukasik
First edition / Wydanie pierwsze • LUBLIN 2020 • ISBN 978-83-66148-88-8

© All rights reserved. / Wszystkie prawa zastrzeżone. Wykorzystywanie fragmentów tej książki do przedruków w gazetach i czasopismach, w audycjach radiowych i programach telewizyjnych bez pisemnej zgody Wydawcy jest zabronione. Nazwa serii zastrzeżona. Printed in Poland / Wydrukowano w Polsce
Translation / Tłumaczenie: **Stanisław Powała-Niedźwiecki** • Color profiles / Plansze barwne: **Janusz Światłoń** • Scale drawings / Rysunki techniczne: **Mariusz Łukasik** • Design: **KAGERO STUDIO**

Distribution / Dystrybucja: Kagero Publishing • www.kagero.pl • e-mail: kagero@kagero.pl, marketing@kagero.pl
Editorial Office, Marketing / Redakcja, Marketing: Kagero Publishing, ul. Akacjowa 100, os. Borek, Turka, 20-258 Lublin 62, Poland, phone/fax +48 81 501 21 05

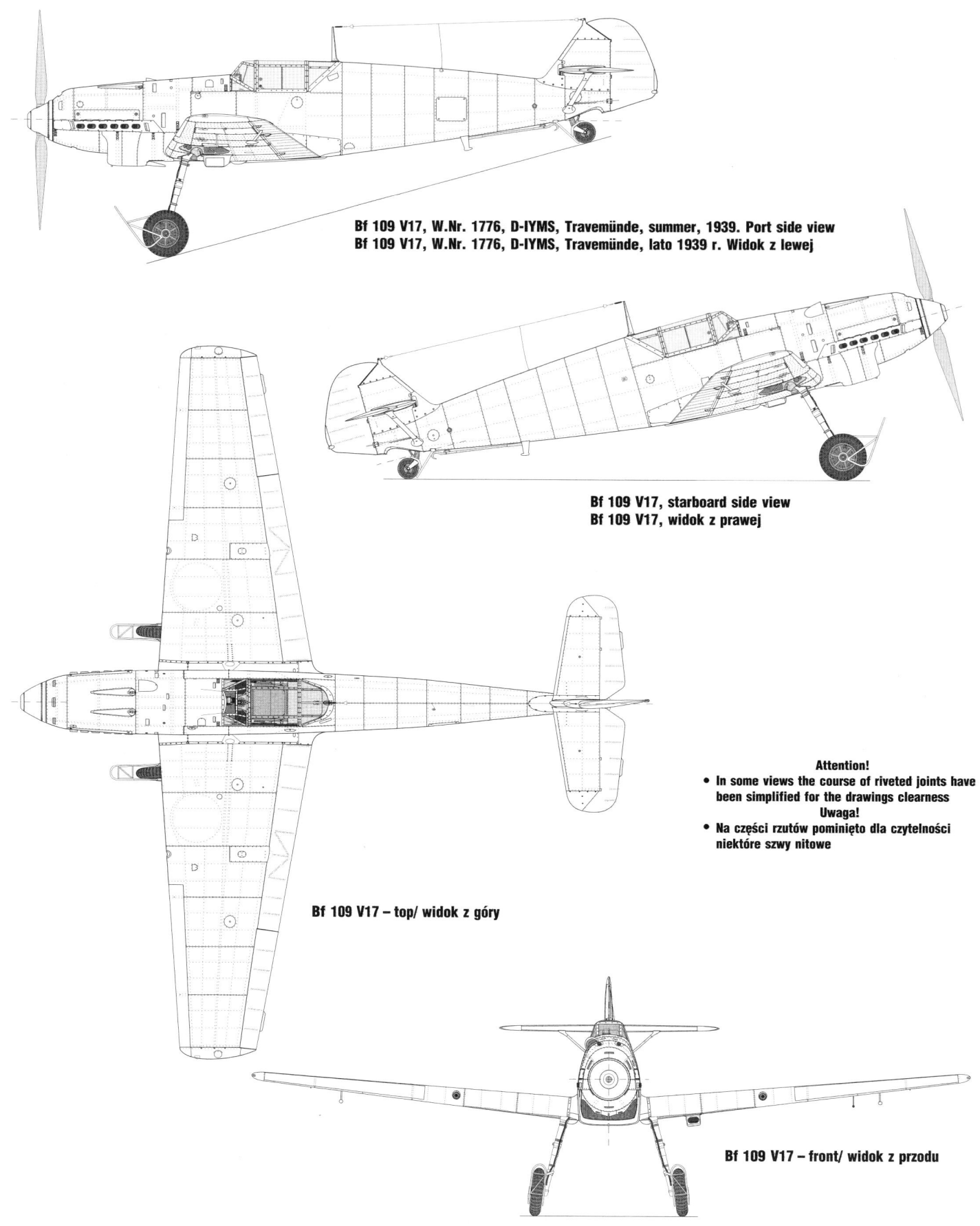

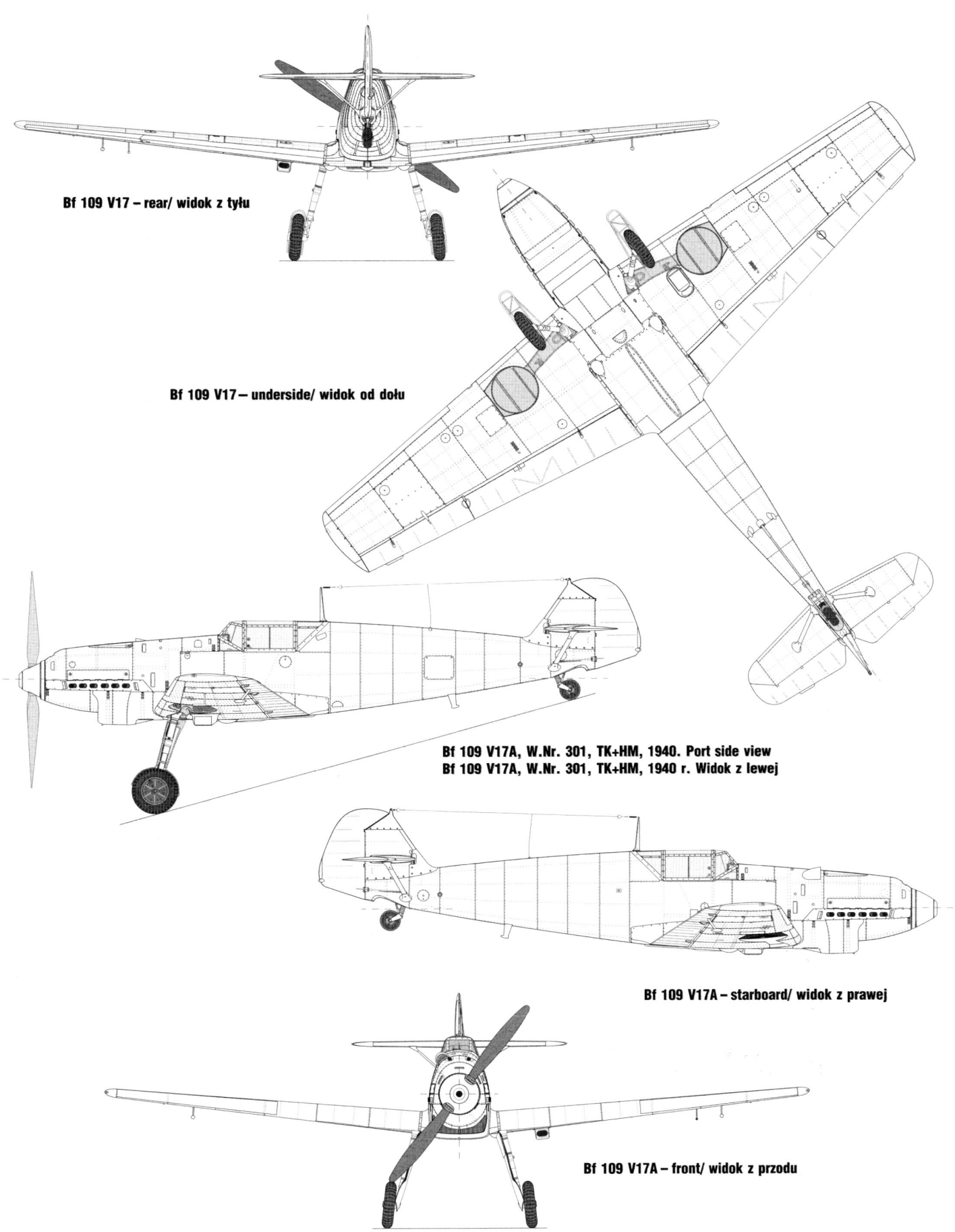

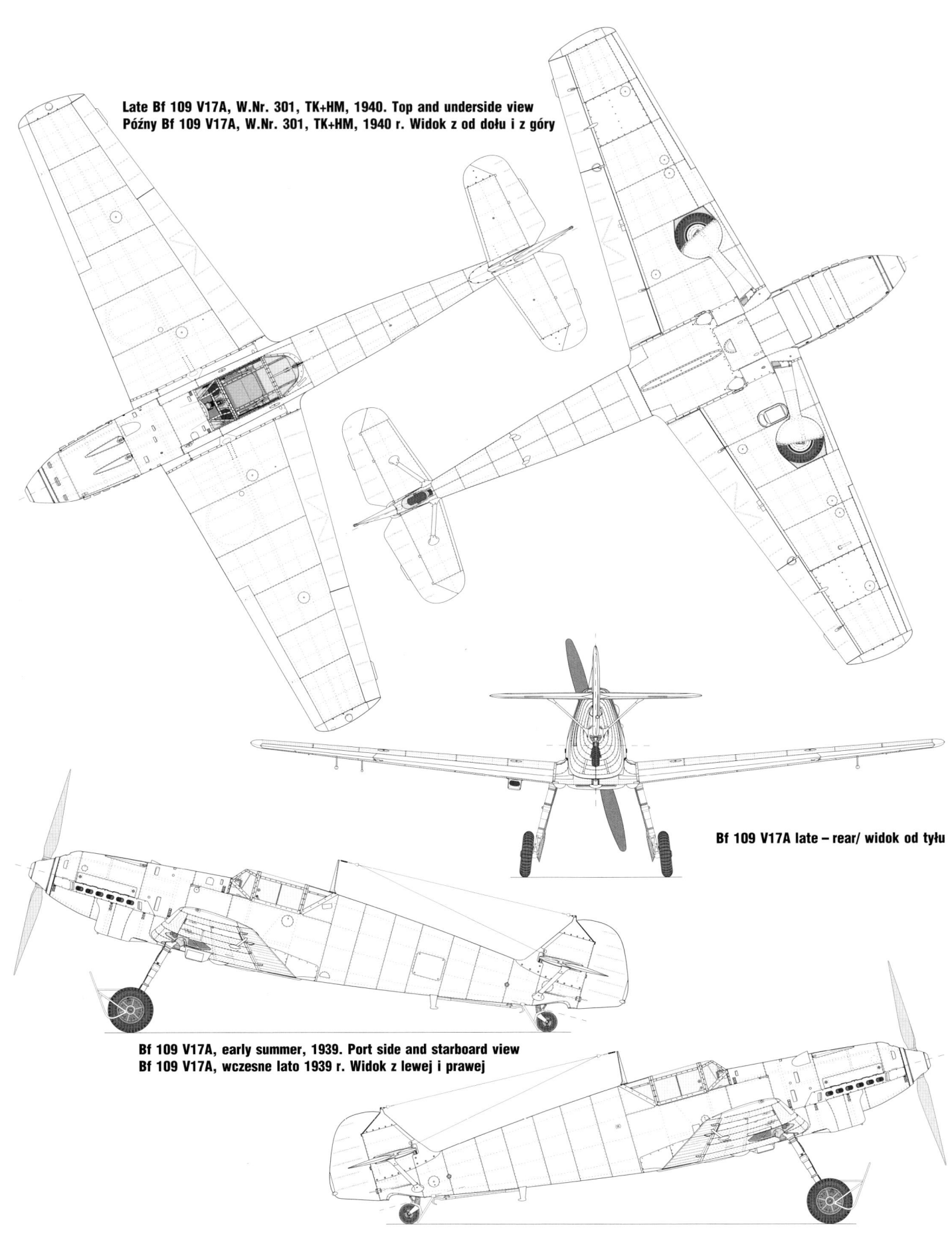

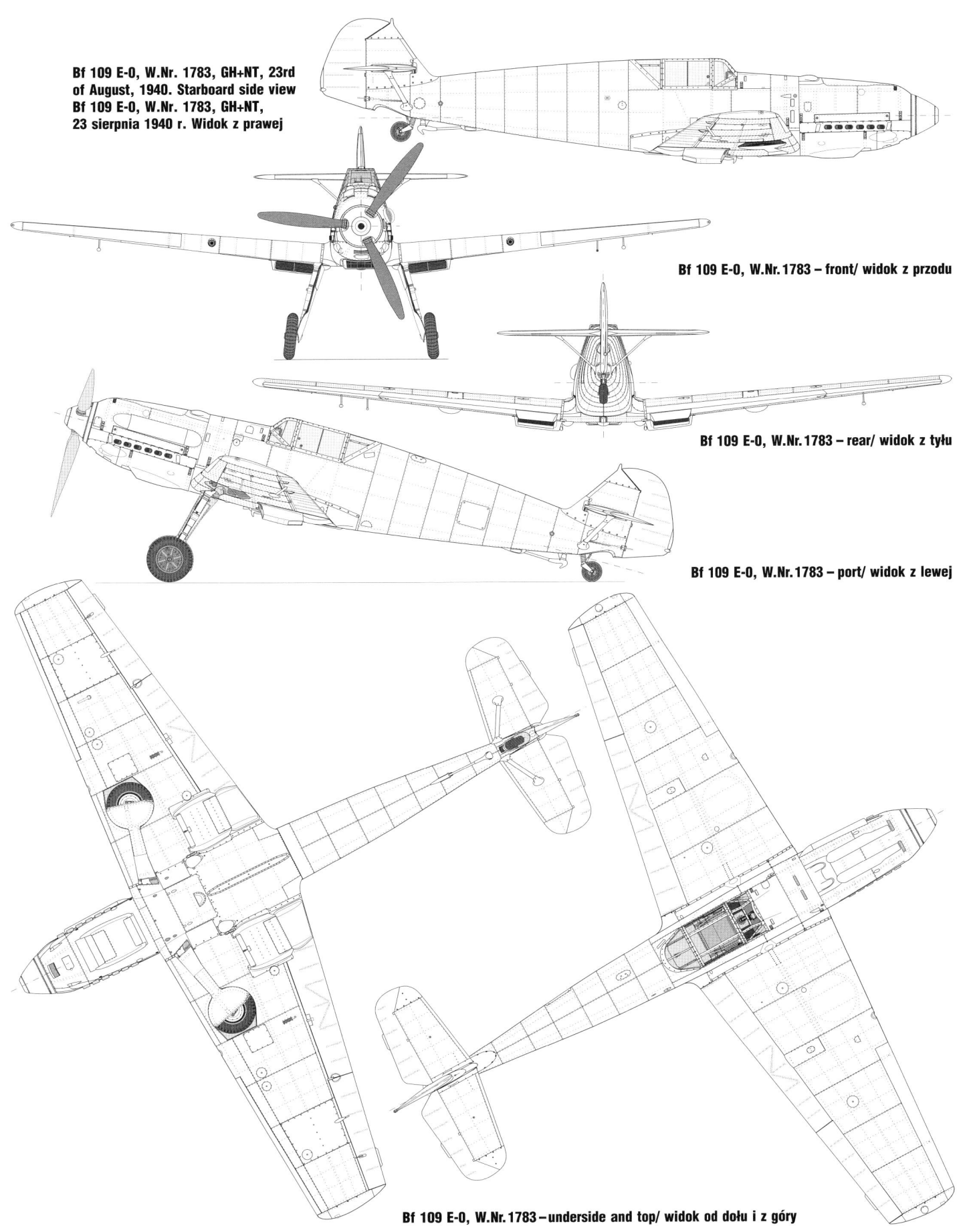

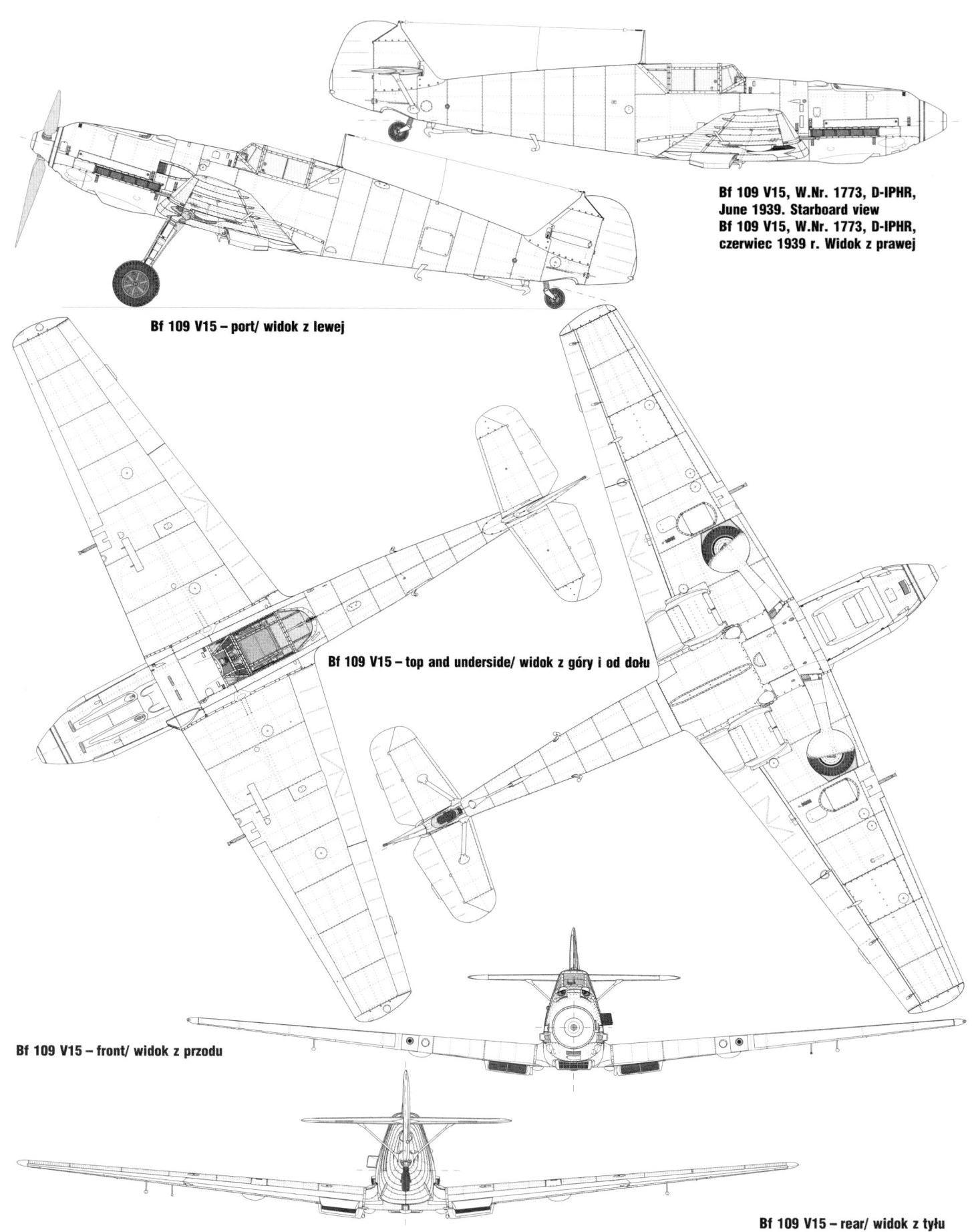

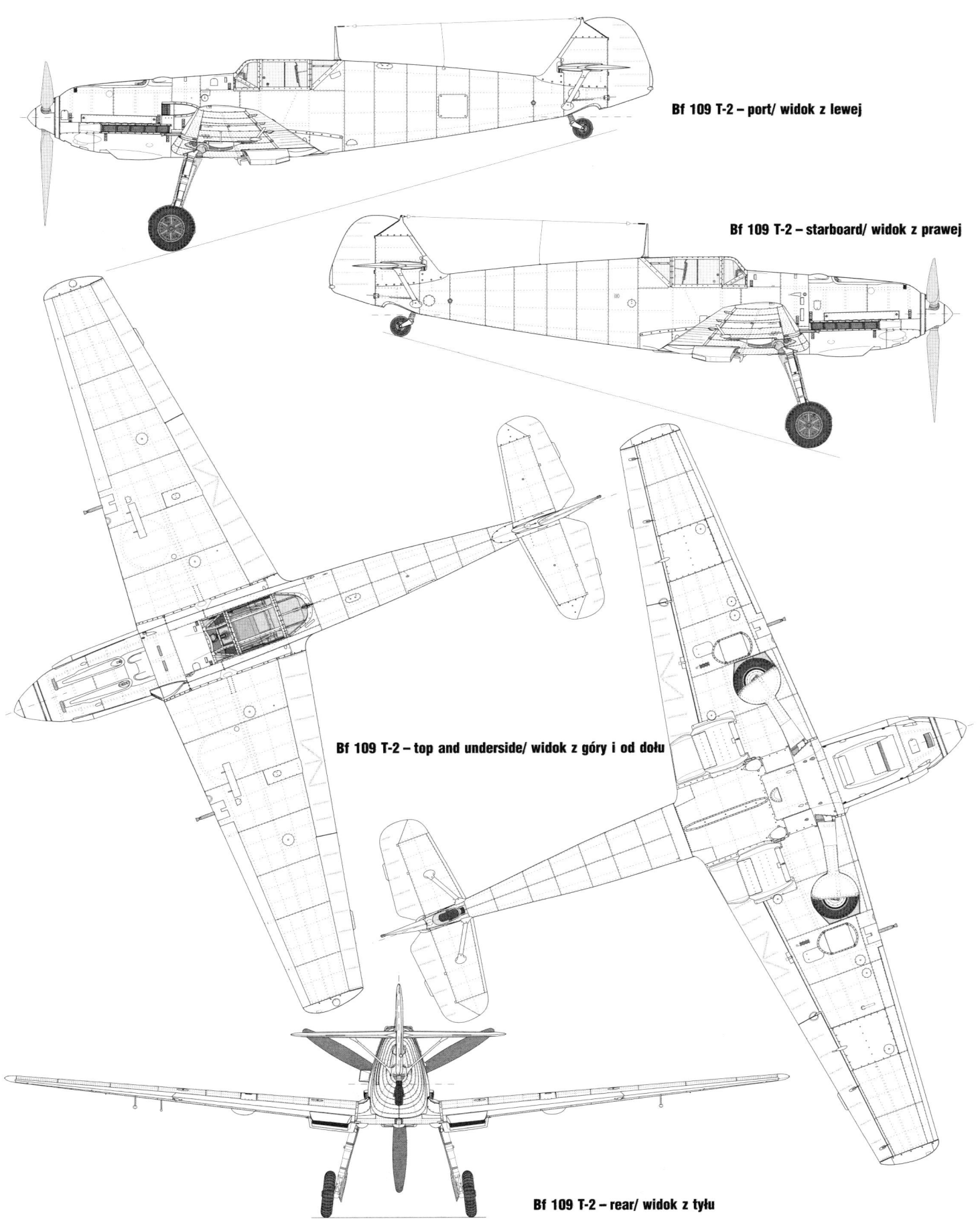

Messerschmitt Bf 109 T

Sheet/Arkusz 7

Bf 109 T-2 with 300-liter droptank, port side view
Bf 109 T-2 z odrzucanym zbiornikiem paliwa o pojemności 300 l, widok z lewej

Bf 109 T-2 with 300-liter droptank, front view
Bf 109 T-2 z odrzucanym zbiornikiem paliwa o pojemności 300 l, widok z przodu

Bf 109 T-2 with 300-liter droptank, rear view
Bf 109 T-2 z odrzucanym zbiornikiem paliwa o pojemności 300 l, widok z tyłu

Bf 109 T-2 with FuG 25 radio, port side view
Bf 109 T-2 z radiem FuG 25, widok z lewej

Bf 109 T-2 with FuG 25 radio, starboard side view
Bf 109 T-2 z radiem FuG 25, widok z prawej

Bf 109 T-2 with FuG 25 radio, front view
Bf 109 T-2 z radiem FuG 25, widok z przodu

Bf 109 T-2 with FuG 25 radio, rear view
Bf 109 T-2 z radiem FuG 25, widok z tyłu

Scale/Skala 1/72

www.kagero.eu
www.shop.kagero.pl

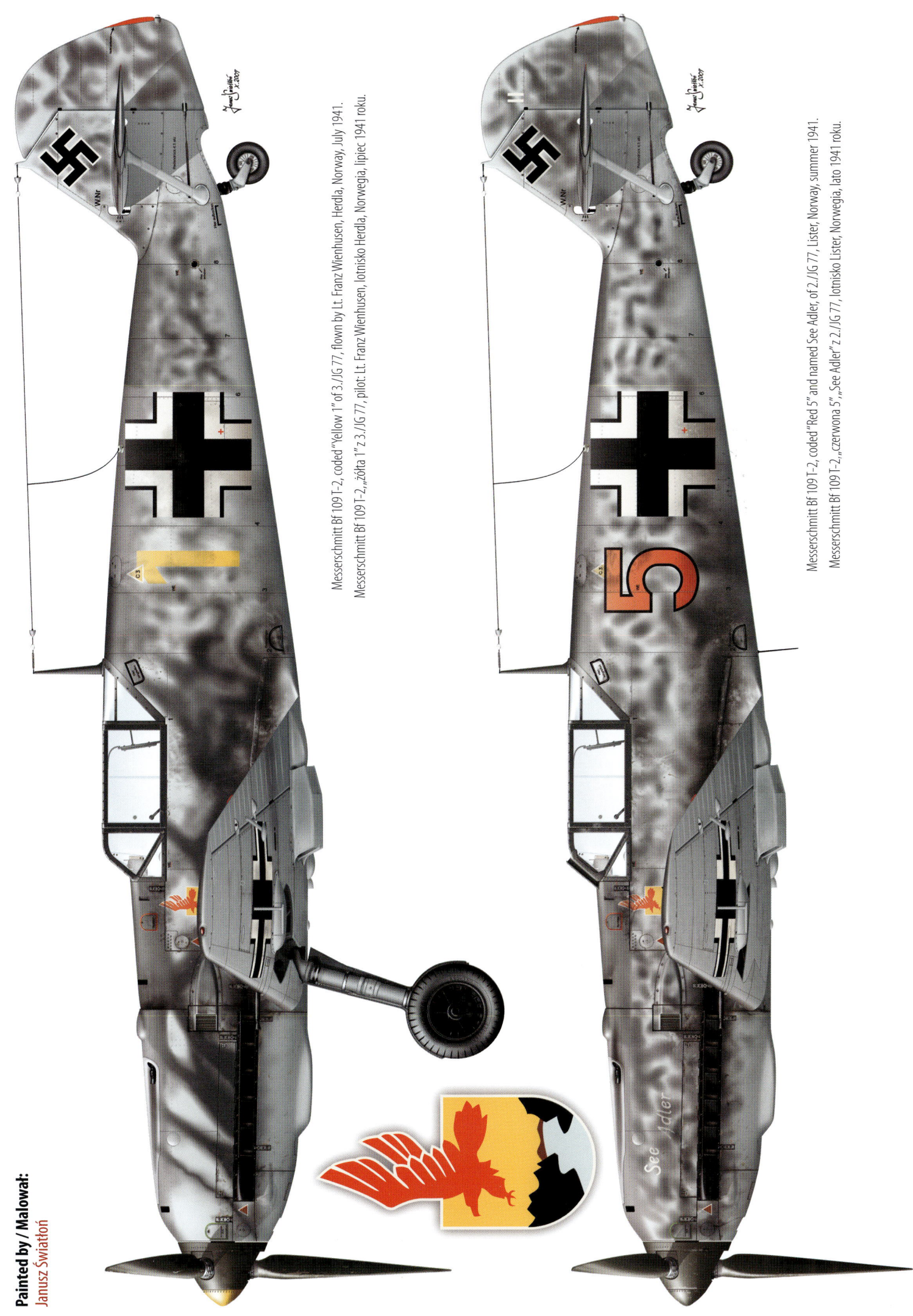

Painted by / Malował: Janusz Światłoń

Messerschmitt Bf 109 T-2, coded "Yellow 7" and named Erika, of 3./JG 77, Herdla, Norway, summer 1941.
Messerschmitt Bf 109 T-2, „żółta 7" „Erika" z 3./JG 77, lotnisko Herdla, Norwegia, lato 1941 roku.

Messerschmitt Bf 109 T-2, coded "Yellow 7" and named Erika, of 3./JG 77, top view. The camouflage is typical of aircraft W.Nr. 7728 through 7743.
Messerschmitt Bf 109 T-2, „żółta 7" „Erika" z 3./JG 77, górny kamuflaż typowy dla samolotów o numerach seryjnych od W.Nr. 7728 do 7743.

Messerschmitt Bf 109 T-2, W.Nr. 7745, coded "Red 1" of 2./JG 77, top view. The camouflage is typical of aircraft W.Nr. 7744 through 7797.

Messerschmitt Bf 109 T-2, W.Nr. 7745, "czerwona 1" z 2./JG 77, górny kamuflaż typowy dla samolotów o numerach seryjnych od W.Nr. 7744 do 7797.

Messerschmitt Bf 109 T-2, W.Nr. 7745, coded "Red 1" of 2./JG 77, Lister, Norway, September 1941.

Messerschmitt Bf 109 T-2, W.Nr. 7745, "czerwona 1" z 2./JG 77, lotnisko Lister, Norwegia, wrzesień 1941 roku.

Painted by / Malował:
Janusz Światłoń

Messerschmitt Bf 109 T-2, coded "White 5" of Jagdgruppe Drontheim, Trondheim-Vaernes, Norway, summer 1941.
Messerschmitt Bf 109 T-2, "biała 5" z Jagdgruppe Drontheim, lotnisko Trondheim-Vaernes, Norwegia, lato 1941 roku.

Messerschmitt Bf 109 T-2, "White 4" of 13./JG 77, flown by Lt. Alfred Jakobi, Stavanger-Sola, Norway, September 1941.
Messerschmitt Bf 109 T-2, "biała 4" z 13./JG 77, pilot: Lt. Alfred Jakobi, lotnisko Stavanger-Sola, Norwegia, wrzesień 1941 roku.

Painted by / Malował:
Janusz Światłoń

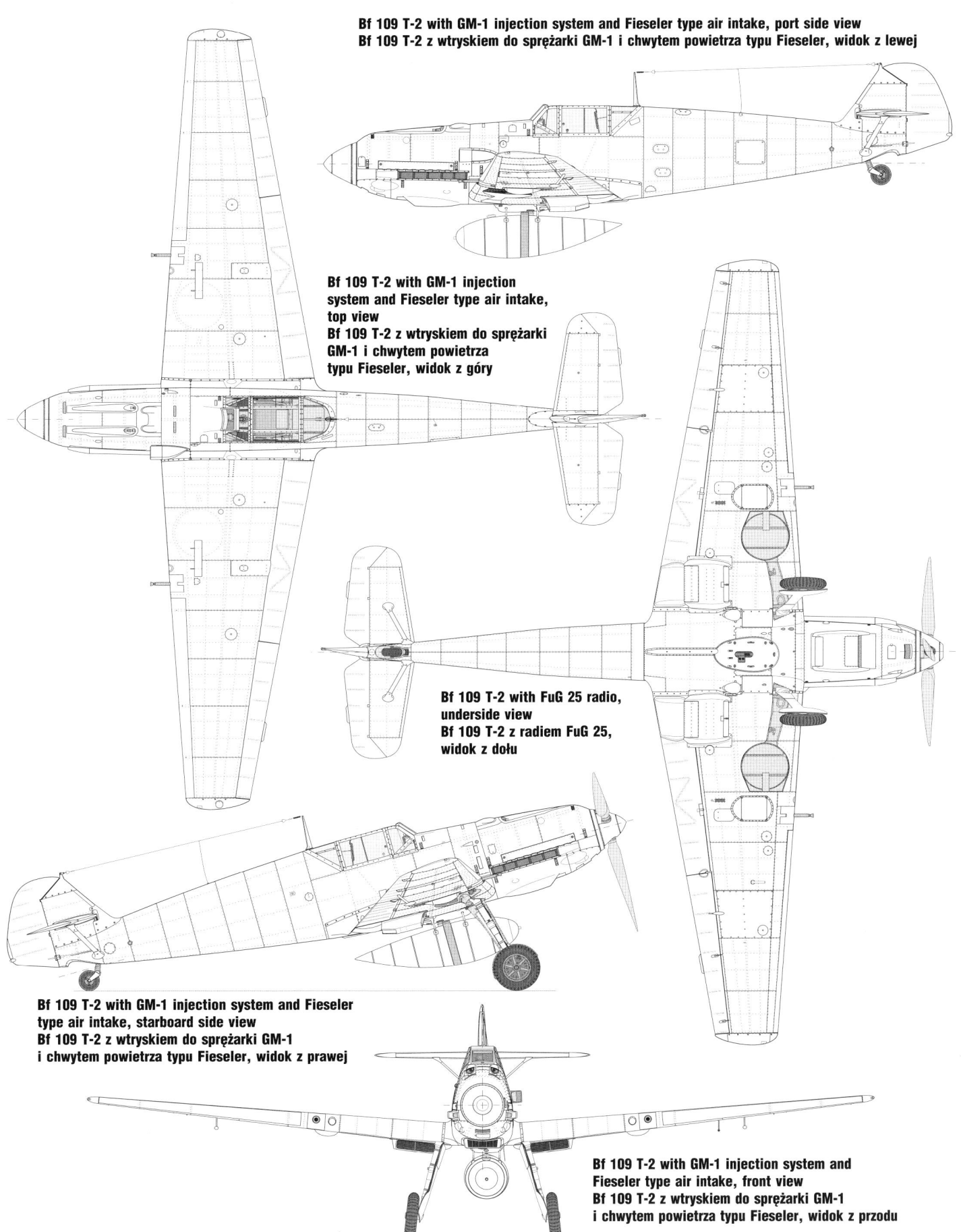

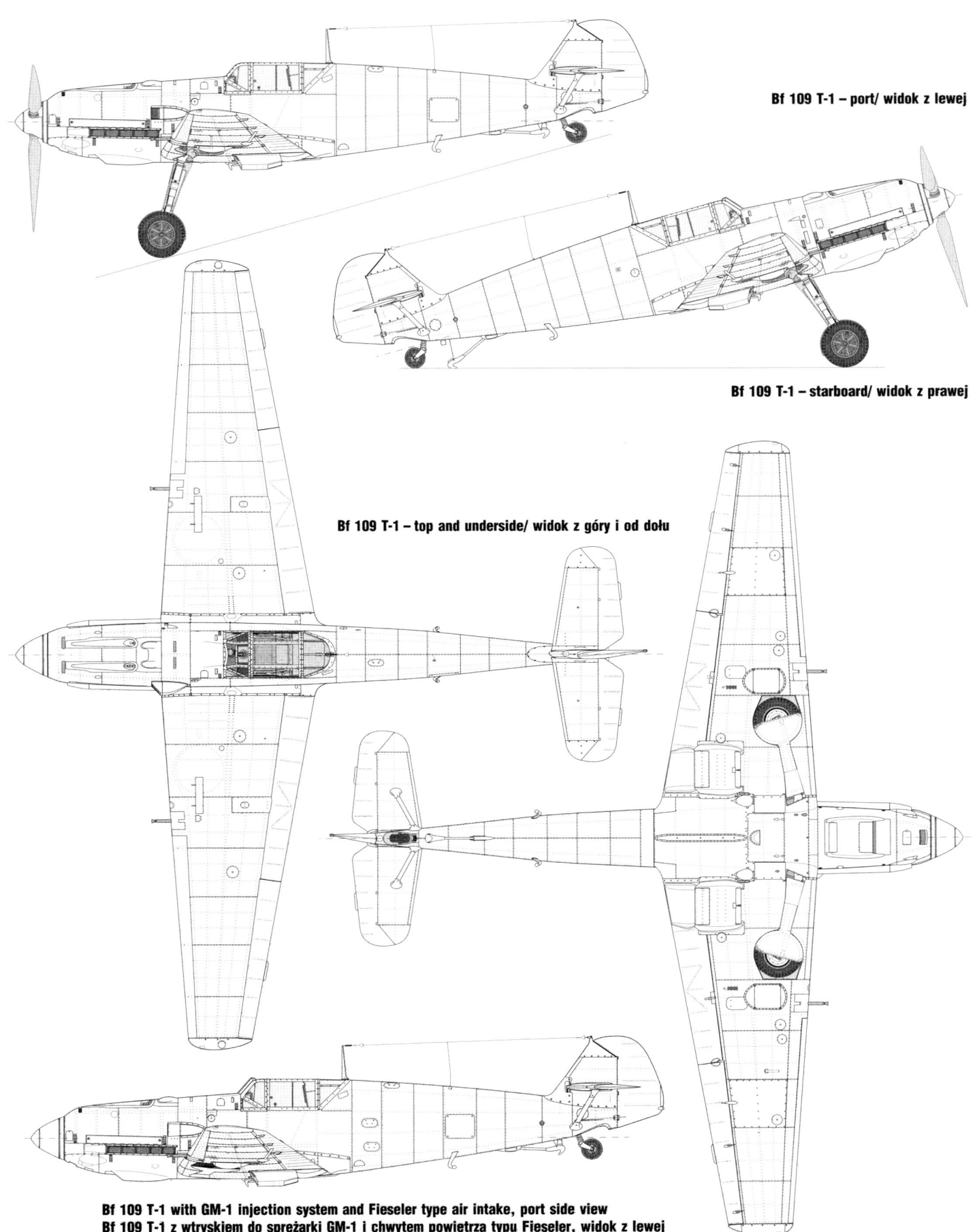

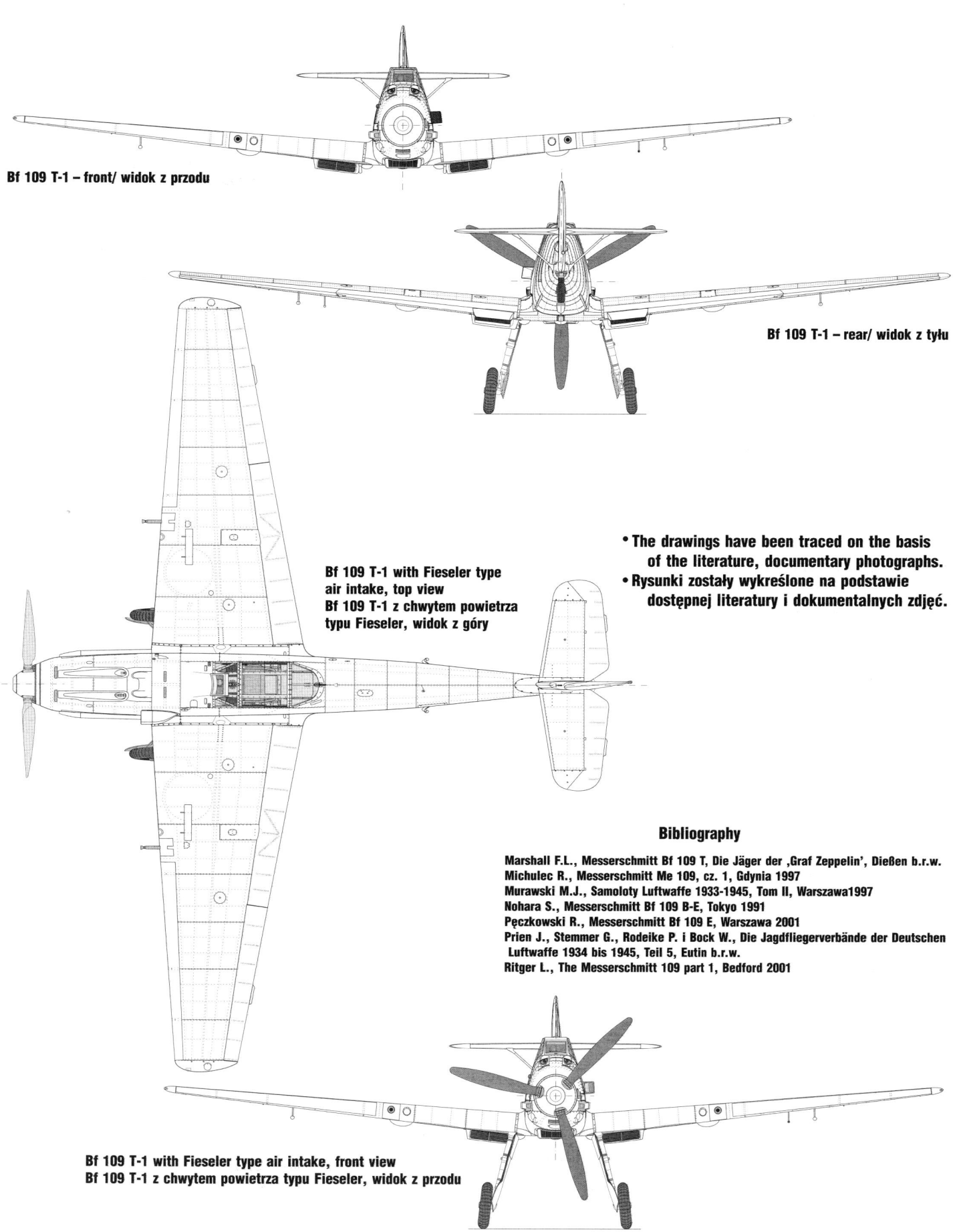

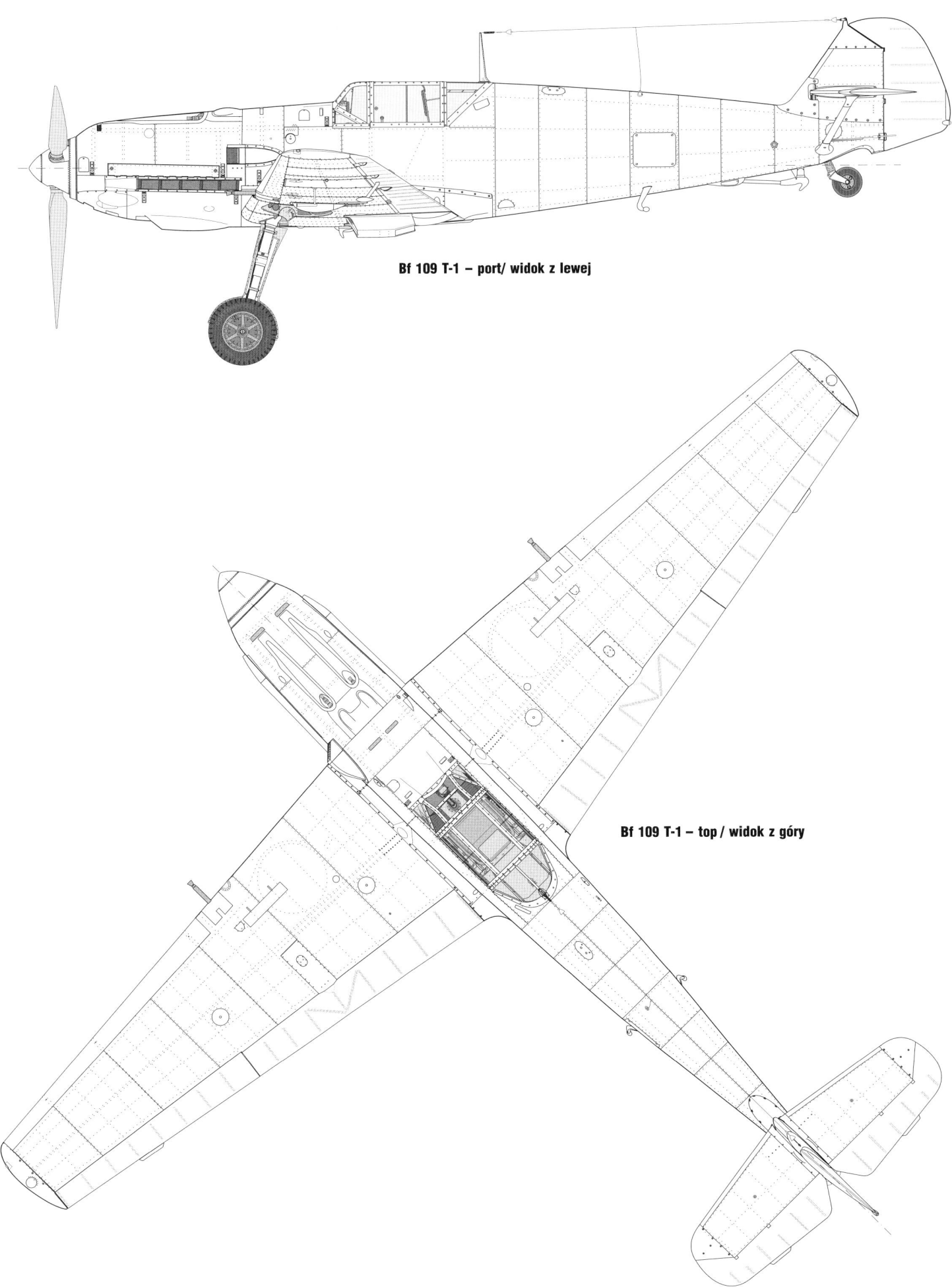

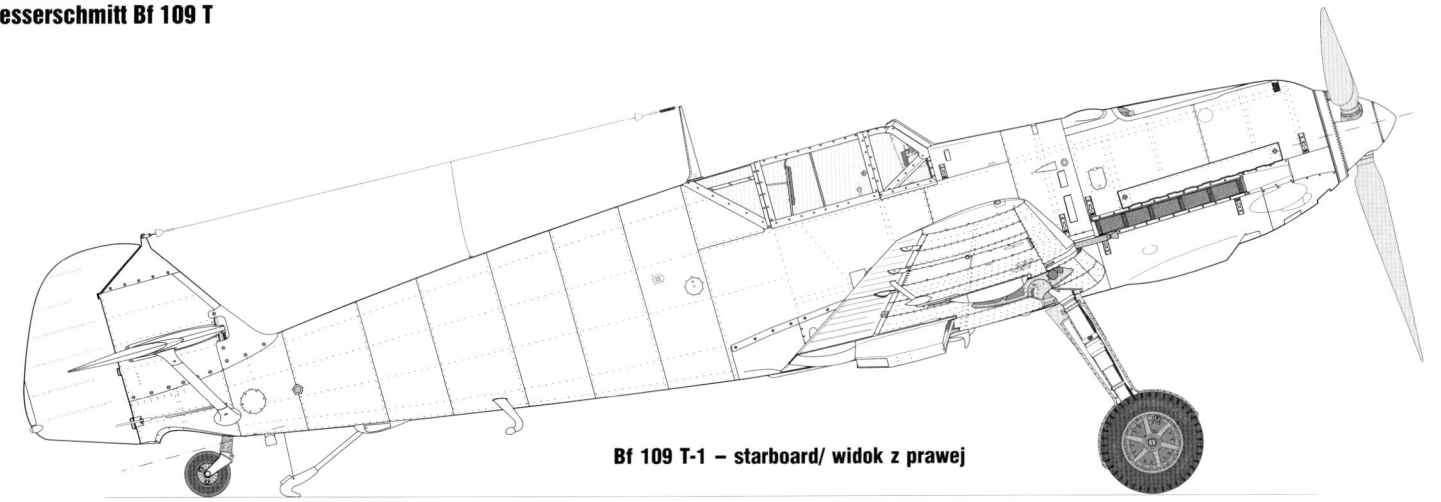

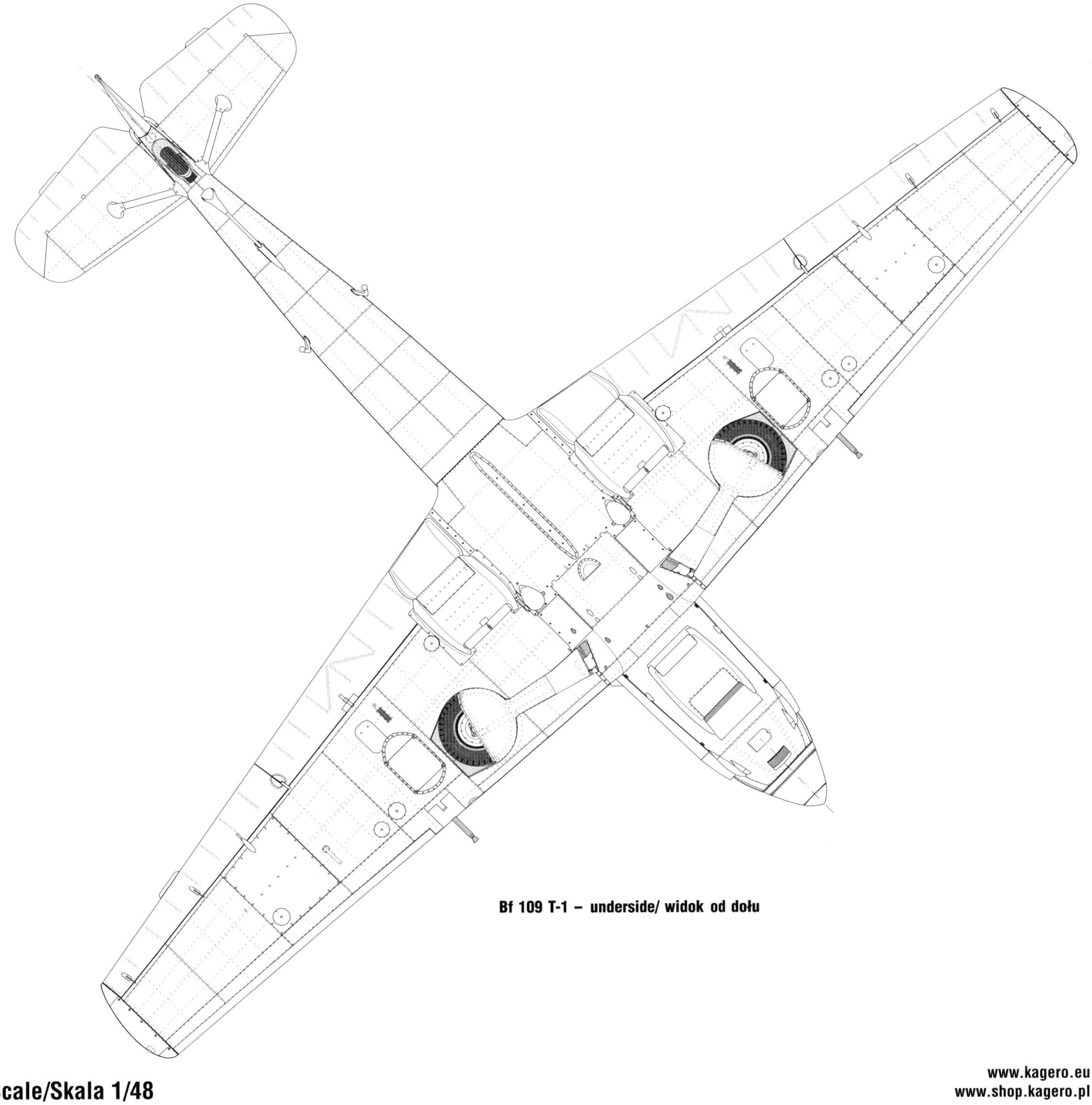

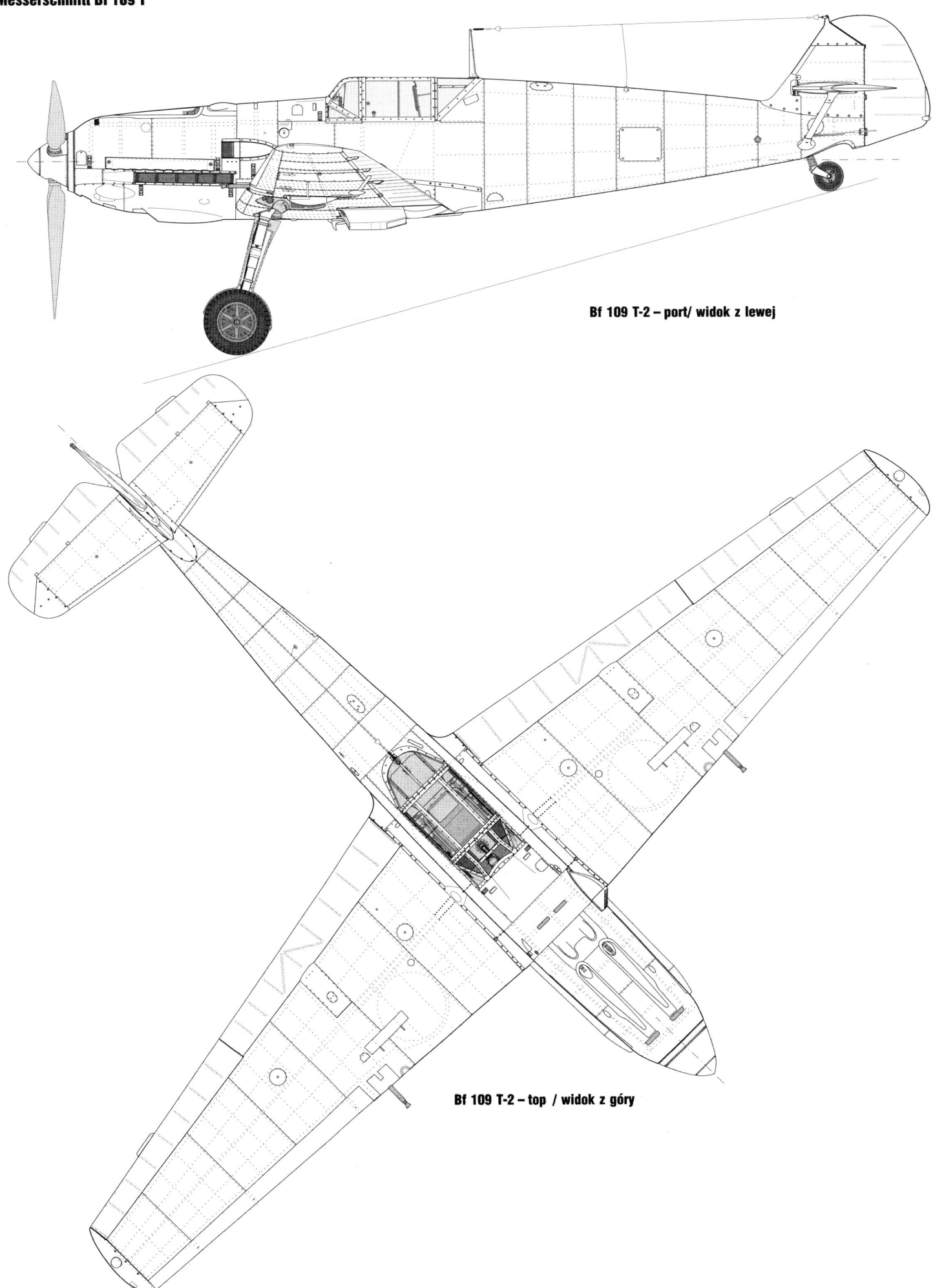

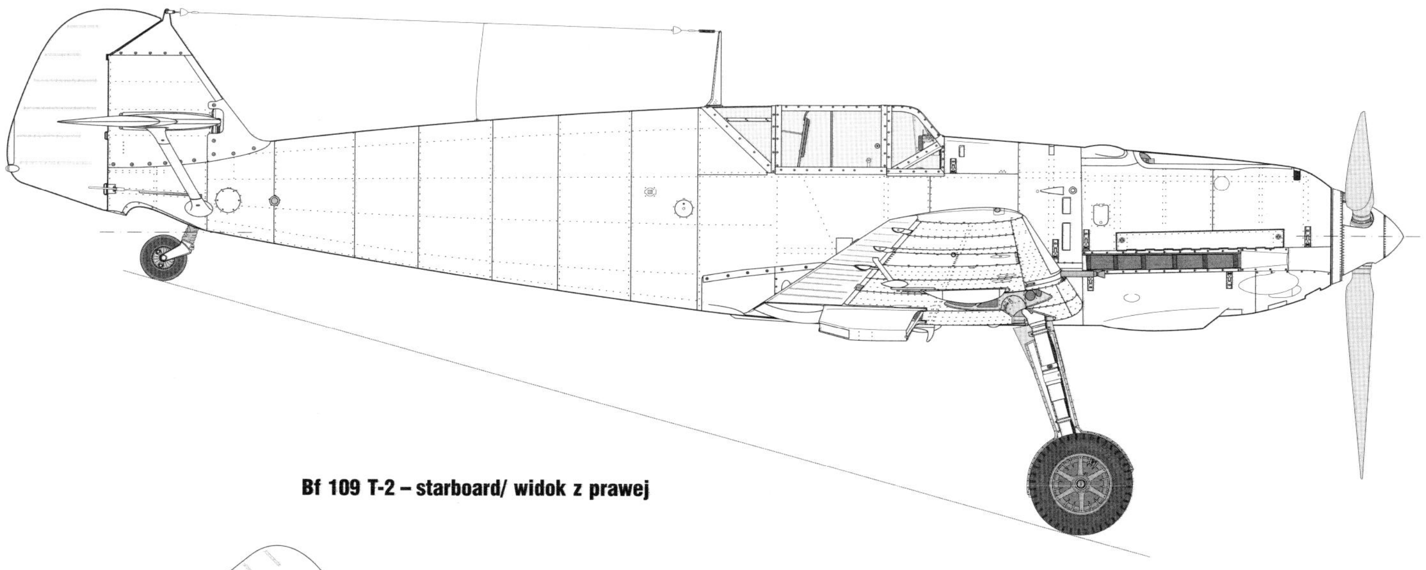

Messerschmitt Bf 109 T

Sheet/Arkusz 14

Bf 109 T-2 – starboard/ widok z prawej

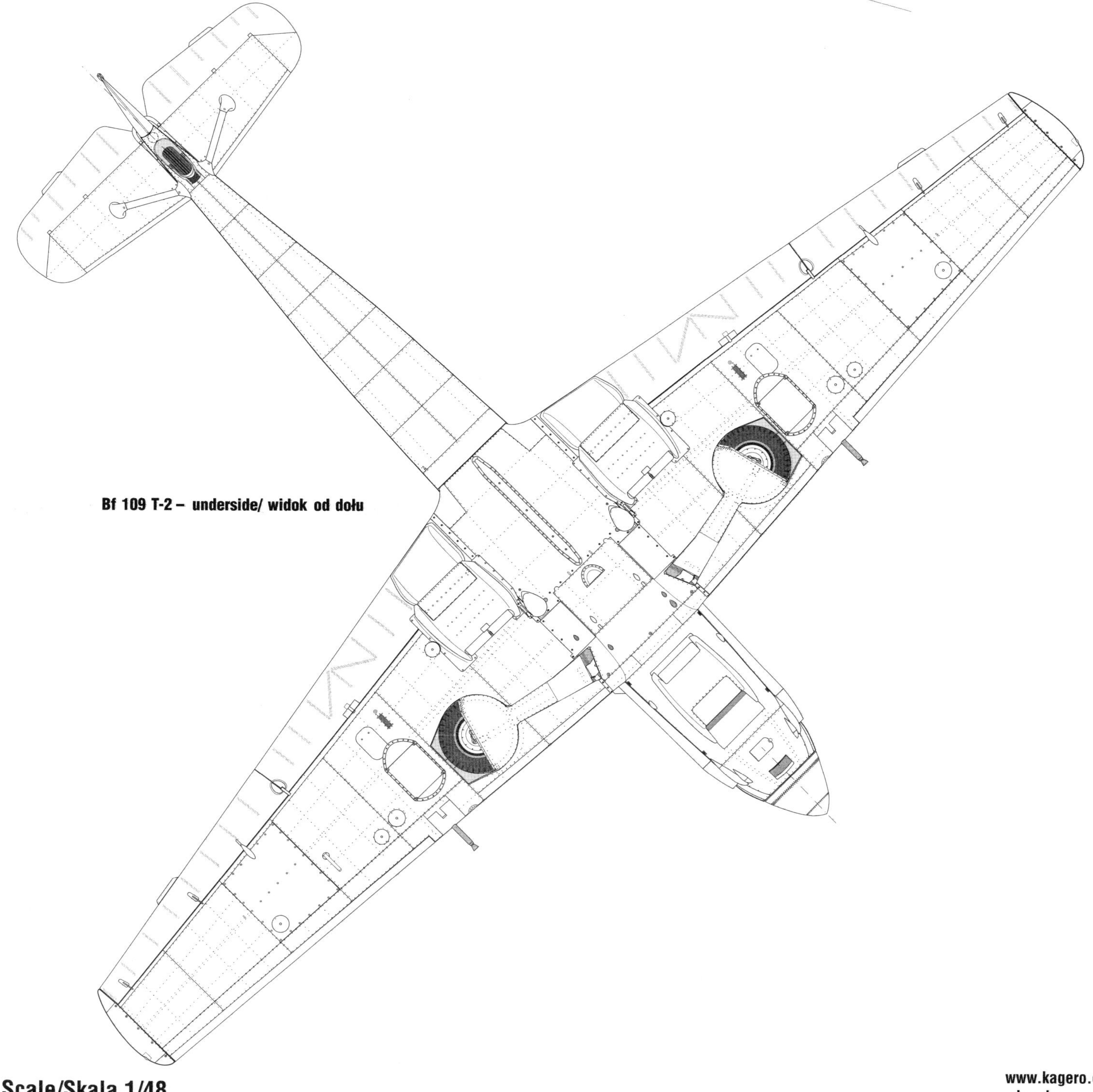

Bf 109 T-2 – underside/ widok od dołu

Scale/Skala 1/48

Bf 109 T-1 with GM-1 injection system and Fieseler type air intake, port side view
Bf 109 T-1 z wtryskiem do sprężarki GM-1 i chwytem powietrza typu Fieseler, widok z lewej

Bf 109 T-2 with 300-liter droptank, port side view
Bf 109 T-2 z odrzucanym zbiornikiem paliwa o pojemności 300 l, widok z lewej

Bf 109 T-2 with FuG 25 radio, port side view
Bf 109 T-2 z radiem FuG 25, widok z lewej

Bf 109 T-2 with GM-1 injection system and Fieseler type air intake, port side view
Bf 109 T-2 z wtryskiem do sprężarki GM-1 i chwytem powietrza typu Fieseler, widok z lewej

Scale/Skala 1/48

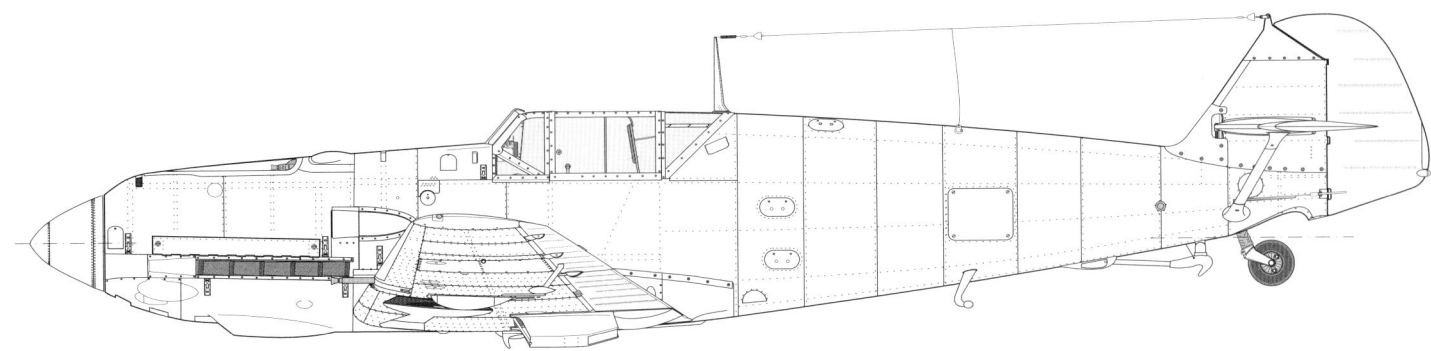

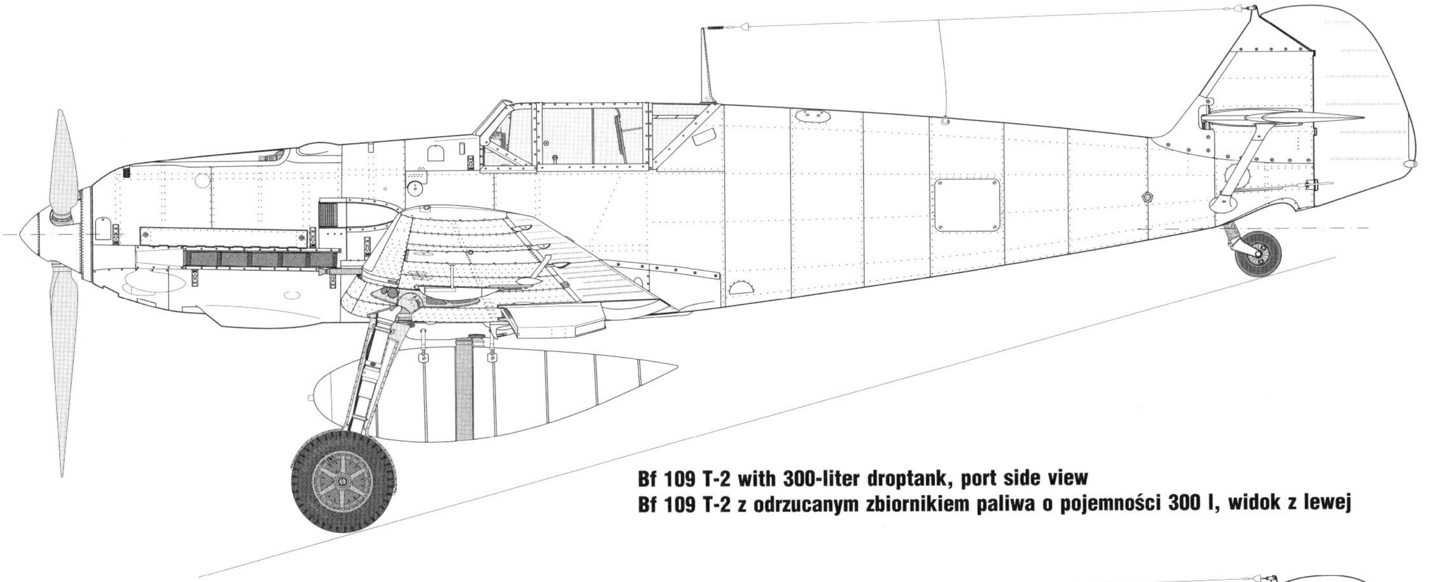

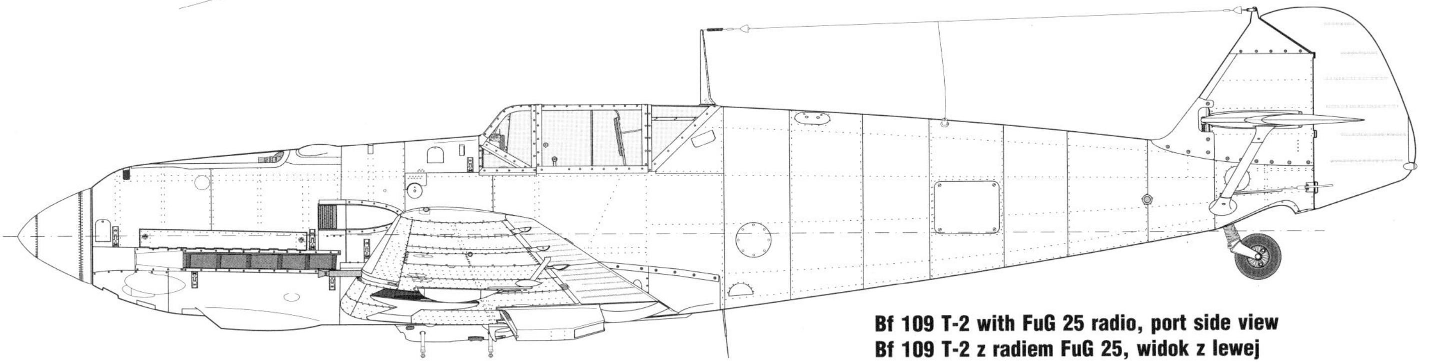

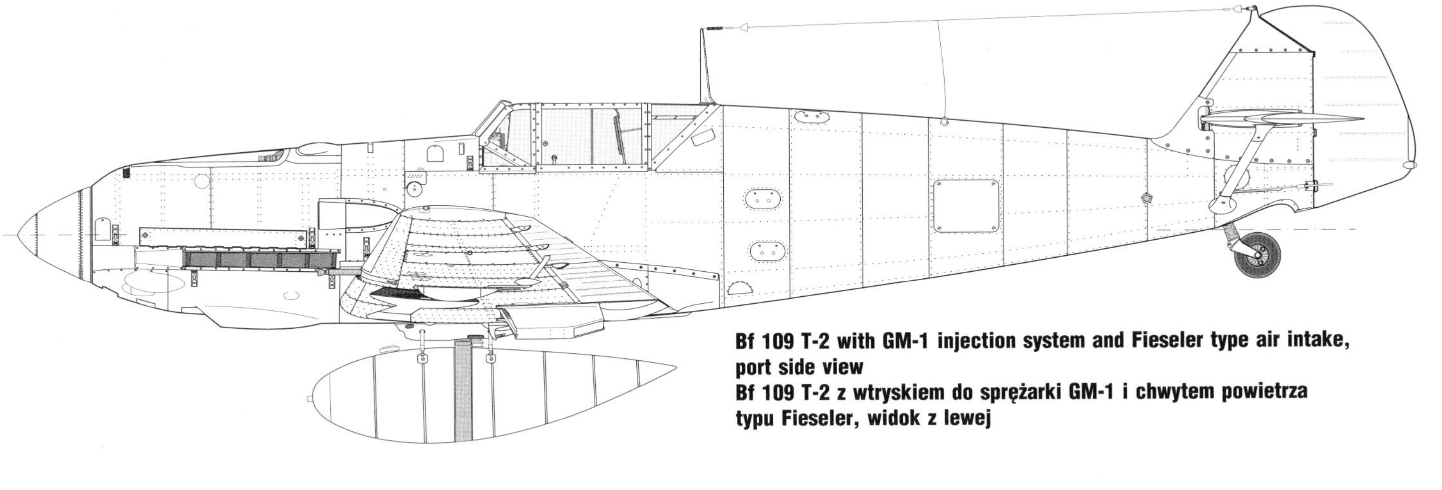